AF284524

Max der Bienenretter

Gabriele Ecker

Impressum

© 2020

Die Geschichte ist frei erfunden

Alle Rechte vorbehalten

Herstellung und Verlag: BoD -
Books on Demand, Norderstedt

ISBN 978-3-7519-9593-1

Die Natur braucht uns nicht,

aber wir brauchen die Natur

Habt ihr schon einmal etwas über das Bienensterben gehört?

Die Aktion „ Rettet die Bienen", im Jahr 2019 hat eine große Resonanz Hervorgerufen.

In den Zeitungen, Radio und Fernseher wurde berichtet.

Fast ein jeder hat beim Volksentscheid mitgewirkt

Max der Bienenretter

Eine Geschichte für Kinder ab 6 Jahren

Max kommt aufgeregt von der Schule nachhause.

„Mama, Mama ich muss dir was erzählen."

„ Was ist den geschehen, du bist ja ganz aufgeregt?"

„ Unser Lehrer hat heute über ein ernstes Thema unterrichtet."

„ Über was?"

„ Das so viele Bienen sterben, in den letzten Jahren waren es 30 Prozent. Normal wäre, dass jedes zehnte Bienenvolk stirbt."

„ Das ist einiges."

Max berichtet weiter:

„ Für das Verschwinden der Insekten sind.
Krankheiten verantwortlich, aber auch der
einseitige Pflanzenanbau. Er bedeutet für
die Insekten, dass sie nur während eines
kurzen Zeitraums Nektar sammeln können,
den Rest des Jahres aber Hunger leiden.
Insektengifte schädigen die Tiere außerdem.
Wenn die Bienen fehlen, stehen sie nicht
mehr als Bestäuber der Pflanzen zur
Verfügung. Eine Folge wäre, dass wir keinen
Honig und kein Bienenwachs mehr
bekommen. Stell dir vor, keinen Honig, wo
ich den so gerne esse.“
„ Junge, das hört sich nicht gut an.“
„ Das ist noch nicht alles, die Bienen sind
Verantwortlich, dass die Natur so schön bunt
ist. Die Insekten bestäuben etwa 170000 der
insgesamt 380000 Pflanzen auf der Erde.
Sie sind alle vom Bienensterben betroffen.

Viele Singvögel, Käfer und Insekten ernähren
Sich von Pflanzensamen. Doch ohne Bienen
Keine Pflanzen, ohne Pflanzen keine Samen

und ohne Samen weniger Kleinlebewesen."

Mama schaut Max von oben nach unten an und meint:

„ Das ist sehr imposant, wie du da aufgepasst hast, ich bin mächtig stolz auf dich."

„ Ich möchte für diese Tierchen etwas Gutes tun. In Zukunft kaufen wir den Honig beim Imker, weil er sich um die Bienenvölker kümmert und seine Bienen viele Blüten bestäuben."

„ Max das machen wir, unser Nachbar Herr Maier ist Imker, da kaufen wir morgen gleich ein Glas von ihm!"

„ Super Mama, dann brauchen wir noch ein Insektenhotel und eine Blumenwiese."

„ Insektenhotel, da fragst du deinen Papa, er bastelt bestimmt mit dir. Den Blumensamen kaufen wir im Gartencenter."

Max freut sich, dass Mama ihm bei der Aktion hilft, er strahlt über das ganze Gesicht.

„ Jetzt möchte ich gerne ein Honigbrot, machst du mir bitte eins?"

„ Ja klar."

Die Mutter streicht ihm ein dickes Brot mit vielem Honig.

„ Lass es dir schmecken."

Genussvoll verspeist Max die Leckerei. Gut gestärkt geht er in sein Zimmer und macht seine Hausaufgaben. Gegen fünf kommt Papa von der Arbeit. Max stürmt die Treppe herunter.

„ Hallo Papa, bastelst du mit mir ein Insektenhotel, bitte?"

„ Jetzt lass mich doch erst einmal ankommen und einen Kaffee trinken, dann sehen wir weiter, antwortet der Vater."

Ein wenig enttäuscht setzt sich Max neben seinen Papa und wartet. Er erzählt ihm nebenbei was er im Unterricht gelernt hat und von dem wichtigem Thema.

„ Du hilfst mir doch, oder?"

„ Ja, mein Junge, ich habe dich verstanden. Ich weiß, dass ein Drittel der Lebensmittel nur wächst weil sie von den Bienen bestäubt werden. Das sind zum Beispiel Äpfel, Birnen, Kirschen und Pflaumen.

„ Toll Paps, du kennst dich aus", staunt Max.

Nach der Kaffeepause geht Max mit seinem Vater in den Garten zur Hütte, in der das Werkzeug verstaut ist.

„ Haben wir einen Plan, wie wir das Hotel bauen", fragt Papa?

„ Nein, aber wir können doch im Internet schauen", meint Max.

Also marschieren sie zum Laptop und surfen bei Google.

„ Hier, das sieht doch gut aus", zeigt Max auf dem Bildschirm.

„ Du hast Recht, da drucken wir gleich den Bauplan aus."

Gesagt, getan, mit der Anleitung gehen sie wieder in den Garten.

„ Was brauchen wir", fragt Papa?

„ Einen Holzkasten, Klötze, Tontöpfe, Bambusrohre, Drahtgitter und das nötige Werkzeug, Holzbohrer, Nägel, Tacker" liest Max.

Papa meint:

„ Gut, dann lass uns die Sachen zusammensuchen.

Voll Eifer schaffen sie die Materialien zusammen. Sie setzen ein Teil nach den anderen in den Holzkasten, so wie es im Plan steht. Sie schrauben und bohren. Die Tontöpfe werden mit Holzwolle gefüllt, zum Schluss kommt der Drahtgitter darüber, der mit dem Tacker befestigt wird.

Sie hängen das fertige Insektenhotel an einen sonnigen Platz an die Wand von der Garage. Wo es auch vor Regen geschützt ist.

Max und Papa stehen nun davor und betrachten ihr Bauwerk.

„ Wow Papa, das haben wir super hinbekommen."

Der Vater klopft seinem Jungen auf die Schulter.

„ Ja mein Sohn, da können wir uns schon loben."

Mama kommt aus dem Haus und begutachtet die gemeinsame Arbeit.

„ Das habt ihr wirklich prima gebaut, da werden sich die Bienen freuen.“

Am nächsten Tag fährt Max mit seiner Mutter zum Gartencenter. Da kaufen sie die Samen für die Blumenwiese und einige bienenfreundliche Pflanzen.

„ Schau Mama da steht auf der Pflanze Bienenfreundlich, nehmen wir die mit?“

„ Ja gerne, stell sie in den Einkaufswagen.“

Zuhause pflanzt Mama die Pflanzen in den Garten und Max hilft ihr dabei. Sie gräbt das Loch und Max setzt die Blume hinein, füllt sie mit Erde auf und wässert sie. Gemeinsam mischen sie den Blumenwiesensamen mit Sand.

„ Du darfst den Samen im Beet verteilen, anschließend bewässerst du alles.“

„ Mach ich Mama“, ruft Max voll Freude.

Diese Aufgabe macht ihn sehr stolz.

Nach ein paar Tagen beobachtet er das Insektenhotel, er entdeckt wie die Bienen ein und aus fliegen. Sofort rennt er ins Haus und berichtet voll Eifer:

„ Mama, Mama, die Bienen haben sich schon eingenistet, sie brummen und summen um das Hotel."

„ Wirklich, das freut mich und wie geht's den Blumen?"

„ Die sind gewachsen und vereinzelt blühen schon welche."

„ Komm, lass uns in den Garten gehen, ich will das sehen."

Mama denkt bei sich:

Ich habe einen selbstbewussten Jungen.

So stehen sie in der Wiese und betrachten die Pracht und die Bienen.

„ Du bist ein richtiger kleiner Gärtner", meint sie.

„ Wenn ich groß bin, möchte ich Gärtner werden oder Insektenforscher, oder Ornothologe."

„ Mama lacht:

„ Das ist ein Ornithologe, ein Vogelkundler."

„ Ja, da meine ich auch. Einen Beruf, der viel mit Tieren und Natur zu tun hat. Ich habe ja noch Zeit bis dahin, oder?"

„ Ja hast du und auf dich kommt es an wie du in der Schule bist. Erst einmal der Übertritt in eine andere Schule, Realschule oder

Gymnasium, studieren. Aber da hast du noch Zeit."

„ Ich gebe mir Mühe Mama, aber jetzt will ich für Artenvielfalt da sein und alles so gestalten, damit sich die Insekten wohl fühlen."

Als Vater nachhause kommt, sieht er seine Familie im Garten und gesellt sich dazu.

„ Hallo ihr Lieben, geniest ihr die Natur", fragt er?

Max meint:

„ Hörst du die Bienen summen?"

Vater entgegnet:

„ Schön, das ist Musik in den Ohren."

Nach vier Wochen blüht der Garten zauberhaft. Bienen, Wespen und Hummeln summen umher, Schmetterlinge kreisen und gaukeln im Wind.

Die Vögel zwitschern und nehmen ein Bad in
der Vogeltränke.

Max sitzt im Rasen, mitten im Garten.
Er hat die Augen geschlossen und genießt
das bunte Treiben.
„ Es ist wunderschön, ich habe die Bienen
und Insekten gerettet, ein tolles Ergebnis."
Die Eltern gesellen sich zu ihm.

„ Na du Retter der Natur", flüstert die Mutter ihn ins Ohr.

„ Pst, leise, schließt die Augen und lauscht."

Da sitzen sie eine Weile, schweigen und schwelgen.

Papa meint:

„ Ist das nicht herrlich, dass wir das auskosten dürfen. Dank unseres Sohnes, der Bienenretter."

Alle drei nehmen sich in den Arm und Max meint:

„ Weil ich so fantastische Eltern habe, danke dass ihr für mich da seid."

Lieber Leser, jeder von uns kann etwas dazu beitragen, damit die Artenvielfalt erhalten bleibt.

Ihr könnt ein Bienenhotel kaufen oder selbst eins bauen.

Eine Blumenwiese säen.

Geht mit euren Eltern oder Freunden in ein Gartencenter oder Gärtnerei, kauft dort bienenfreundliche Blumen und Pflanzen.

Stellt in euren Garten mehrere Vogelbäder und Insektenbäder auf.

Baut ein Vogelhaus.

Die Vögel beim Fressen und Baden beobachten macht Riesen Spaß.

Machen wir es wie Max und gestalten unsere Umwelt Bienen und Insektenfreundlich.

Honig

www.Nadinas-Malvorlagen.be

FSC
www.fsc.org

MIX

Papier aus ver-
antwortungsvollen
Quellen

Paper from
responsible sources

FSC® C105338